RECUEIL

DE

PATIENCES NOUVELLES

Saint-Cloud. — Imprimerie de Mme Ve Belin.

PATIENCES ALLÉGORIQUES

RECUEIL

DE

PATIENCES NOUVELLES

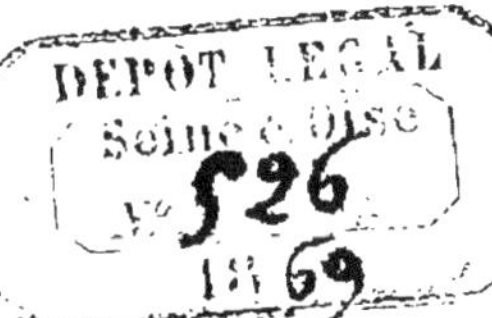

LEUR PHILOSOPHIE, LEUR POÉSIE

PAR

M. Salomon Modeste DE LA REVASSERIE

PARIS

CHEZ TOUS LES LIBRAIRES

TABLE.

PATIENCES A 15 CENTIMES

PUBLIÉES PAR LE MÊME AUTEUR.

La bonne Aventure du Troupier.
L'avenir d'une belle et grande contrée.
La Tour de Babel.
Huit femmes parfaites.
La Cligne-Musette.
Un dîner.
Etude sur le cœur humain.
Un moyen d'être heureux en ménage.

LES PATIENCES

LEUR PHILOSOPHIE — LEUR POÉSIE

Le ciel en sa clémence donna la patience à l'humanité pour adoucir les maux, conduire à la vertu, à la science, à la richesse : et les sages inventèrent les patiences, véritables paraboles en action, qui, appréciées et bien comprises, doivent changer les plus indolents désœuvrés en profonds penseurs, et ouvrir la voie à toutes les perfections.

Il est des infortunés qui croient que les patiences n'ont été créées que pour passer le temps, occuper machinalement les doigts, prédisposer au sommeil. Si encore leur dédaigneuse insouciance ne les privait que de la petite satisfaction que l'humaine nature trouve toujours dans le succès de ses entreprises, tant futiles qu'elles soient! Mais ils ignorent donc, les malheureux, que l'imagination, ce don du ciel qui distingue l'homme des animaux, peut s'éteindre en eux, faute d'être suffisamment exercée! Et où trouveront-ils jamais pour cette faculté, dont les écarts sont quelquefois si dangereux, un exercice plus sain et plus moral que la calme et douce exécution des patiences.

Toute patience est une image de la vie humaine : chacune d'elles représente soit un trait de mœurs, soit un épisode historique. Leurs succès, plus ou moins répétés, indiquent les chances bonnes ou mauvaises réservées à des faits analogues, et rendent palpables les causes, quelquefois fortuites, mais le plus souvent conséquences inévitables de l'imprévoyance et de l'inattention, qui peuvent empêcher ou modifier les résultats espérés.

O vous tous donc qui prétendez étudier l'humanité, qui aspirez à la perfection, lisez mon œuvre, mêlez vos cartes, et, comme le grand roi Salomon, le premier des sages qui se livra à cette utile occupation, laissez-vous aller à la douce langueur des patiences.

La richesse vient en dormant, disaient nos

pères. Plus heureux qu'eux, nous pouvons nous livrer au plus agréable des jeux, nous engourdir en ses douces émotions, et, sans peines, sans fatigues, nous réveiller philosophes et poëtes.

Quelle admirable perspective! si elle pouvait amener un lecteur trois fois béni, à trouver notre publication par trop brève. Nous serions heureux de lui annoncer une suite de traités non moins sages, non moins philosophiques, longuement et mûrement préparés sur toutes les patiences connues. L'accueil fait à celles présentées comme inédites, déterminera l'apparition de ce grand et utile ouvrage. Puisse-t-il ouvrir un vaste champ aux études, aux rêveries, à la bénigne somnolence!

ÉLÉMENTS INDISPENSABLES.

FAMILLE. Toutes les cartes de même espèce, tous les cœurs, tous les carreaux, etc., d'un ou plusieurs jeux de cartes, forment une famille. Un jeu complet contient nécessairement quatre familles.

VALEUR. La valeur de chaque carte est indiquée par le nombre des points ou par la figure dont elle est ornée. As ou 1, 2, 3, etc., etc., 9, 10. Dans certains cas particuliers, le valet compte pour 11, la dame pour 12, le roi pour 13.

SÉRIE. Une série est une suite de cartes rangées suivant leur valeur.

Elle est ascendante quand la valeur des cartes va toujours augmentant : lorsque, par exemple, elle commence par un as et finit par un roi. Dans toutes les séries ascendantes qui ne commencent pas par un as, l'as se pose immédiatement sur le roi.

Elle est descendante quand la valeur des cartes va toujours en diminuant : lorsque, par exemple, elle commence par un roi et finit par un as. Dans toutes les séries descendantes qui ne commencent pas par un roi, le roi se pose immédiatement sur l'as.

A moins de conventions contraires, les séries se composent indistinctement de cartes de toutes couleurs et de toutes familles.

SOUCHE. La carte qui sert de base à une série, soit ascendante soit descendante, est la souche de cette série.

TALON. Le talon est un paquet formé de

toutes les cartes qui ne trouvent pas un emploi immédiat au moment où elles sortent du jeu. Toutes les cartes qui composent un talon se trouvent, par suite, placées, les unes par rapport aux autres, exactement dans l'ordre inverse de celui qu'elles occupaient dans le jeu.

TABLEAU. On donne ce nom à une réunion de cartes étalées sur la table, soit pour servir de souche aux séries, soit pour fournir, en s'astreignant aux règles des diverses patiences, les cartes nécessaires pour les exécuter.

Il y a des tableaux de toutes formes.

AVIS.

Toutes les patiences contenues dans ce volume s'exécutent avec deux jeux de cartes entiers.

Les personnes exactes et positives, qui veulent aller droit au but sans s'arrêter ni se jamais laisser distraire ou détourner dans leur marche, trouveront, en ne lisant dans la description de chaque patience que les seuls mots imprimés en italique, *une explication technique et des indications aussi brèves, sèches et arides qu'elles peuvent le désirer, sur la manière d'exécuter chacune d'elles.*

EXPLICATION

DES SIGNES EMPLOYÉS DANS LES FIGURES DES PATIENCES.

Dans les figures qui se trouvent en tête de chaque patience, les cartes sont désignées par différentes lettres suivant les divers rôles qu'elles sont appelées à remplir.

A Série ascendante.

D Série descendante.

F Fractions de séries.

T Tableau.

P Dépôt provisoire.

O Talon.

I Cartes isolées ou déposées à part.

LE VIEUX PROCUREUR.

Un vieux procureur normand, retiré des affaires, trouvait les jours bien longs ; l'oisiveté lui pesait. Pas le moindre procillon pour se distraire. Il s'ennuyait partout et toujours ; la nostalgie de la chicane le menait à la tombe. Une inspiration du ciel, une œuvre de charité, le tira d'une si dangereuse position, et lui rendit l'occupation, le mouvement, la vie. La pensée lui vint de chercher un jeune orphelin aux affaires duquel il pût s'intéresser gratuitement, par amour de l'art, sans craindre l'intervention d'aucun parent. Au lieu d'un, ses recherches lui en firent découvrir deux, puis trois, puis quatre, puis huit enfin; et, dès lors, accablé de besogne, il fut à tout jamais sauvé.

Si le jour est triste, si le temps vous semble un peu long, faites de même, ami lecteur, une patience vous permettra de vous identifier au philanthrope procureur.

Les as, ces cartes presque nues, qui ne sont marquées que d'un seul point, représentent assez bien les pauvres orphelins abandonnés de tous; il faut les découvrir, il faut prendre connaissance de tout ce qui semble toucher leurs intérêts; *les diverses cartes du jeu* peuvent donner une idée de ces minces éléments, si malheureusement disséminés, mêlés, confondus.

Elles *se tirent une à une. Les douze premières se placent de manière à former deux colonnes verticales de six cartes, chacune entre lesquelles on ménage l'espace nécessaire pour placer les huit as,* ou petits orphelins, *quand ils viendront à se présenter. Toutes les autres cartes se mettent, à leur sortie du jeu, sur les côtés extérieurs des deux colonnes verticales, de manière à augmenter successivement la largeur de chacune d'elles; l'apparition des as interrompt seule cette distribution. Quand elle est terminée, tout le jeu se trouve étalé, les huit as paraissent au centre posés deux par deux, les uns au-dessus des autres, et flanqués de six rangées horizontales de huit cartes.*

Toutes les ressources des pauvres enfants, *toutes les cartes dont le joueur doit tirer parti, une fois étalées au grand jour et bien connues,* il s'agit de réunir sur chacune des jeunes têtes tout ce qui peut lui revenir ; et *chaque as devient la souche d'une série ascendante, formée par famille.*

C'est alors que se présentent les difficultés, car on ne peut prendre, pour alimenter les séries, que les cartes placées sur les bords extérieurs des deux colonnes qui entourent les as. Ces cartes, images des droits positifs, clairs et indiscutables, *sont assez rares, le plus ordinairement même il ne s'en présente pas une seule. Mais,* comme en affaires le succès n'est que trop souvent amené par les petites concessions, les petites ruses, le savoir faire enfin; *le joueur a le droit de former, avec celles que leur couleur et leur valeur ne permettent pas de placer sur les grandes séries ascendantes fondées par les as, des fractions de séries, soit ascendantes, soit descendantes, qui, en attendant qu'elles viennent se poser en bloc sur les grandes séries centrales, dégagent des cartes aptes à y être placées immédiatement, ou tout au moins à fonder ou alimenter d'autres fractions de séries provisoires*, images des affaires qui se tiennent, s'enchaînent, mais, ne pouvant se terminer complétement, sont étudiées, travaillées et préparées par l'infatigable procureur, qui les tient en réserve pour les besoins de la cause.

Quelquefois, à force de former ces fractions de séries, de les modifier, de les transporter les unes sur les autres, on parvient à faire disparaître complétement une des rangées horizontales dont sont formées les colonnes qui entourent les as. C'est un triomphe pour le vieux praticien, maître alors d'étaler telle affaire qui lui conviendra sur le bureau qu'il a su se ménager ainsi; *c'est un grand avantage pour le joueur, qui peut poser dans cette place vide une carte prise à son choix sur les bords extérieurs des colonnes, et fonder ainsi une nouvelle rangée horizontale, jouissant de tous les avantages attribués à celle qu'elle remplace.*

Mais on n'obtient pas toujours cet heureux résultat, et quelque attention que l'on apporte aux incessants transports des fractions de séries provisoires, au perpétuel maniement des affaires. *Le joueur inexpérimenté,* le fougueux basochien, *se repentirait souvent, mais bien en vain, hélas! d'avoir agi avec trop de précipitation, si une ressource extrême ne lui était donnée.*

De même qu'un procureur madré, au lieu de s'obstiner à poursuivre des affaires momentanément arrêtées ou même perdues en apparence, intente souvent, uniquement pour faire diversion, de nouveaux procès plus ou moins fondés, *le joueur, quand la couleur et la valeur des cartes qui se trouvent sur les bords extérieurs des colonnes, ne permettent plus d'en enlever aucune, se donne la faculté d'établir une septième rangée horizontale, dite de miséricorde. Une carte prise à son choix, ainsi qu'il a été déjà expliqué, sur les bords extérieurs des colonnes, sert de base à cette nouvelle rangée, qui, aussitôt qu'elle est fondée, jouit des mêmes avantages que les douze autres.*

Il est rare que ce nouveau débouché ne permette pas de faire disparaître une, ou même plusieurs des rangées horizontales, et, dès lors, grâce à la faculté qu'a le joueur de les remplacer aussitôt avec les cartes prises à son choix; il suffit d'un peu d'attention et de quelques transports successifs, pour compléter les huit grandes séries ascendantes fondées sur les as, et faire disparaître la totalité des cartes qui les entouraient.

La patience est réussie! le joueur triomphant

se rappelle avec délice les vives émotions que lui ont causé, d'abord l'arrivée des légères rentrées, des petites sommes, représentées par les basses cartes du jeu, qui venaient successivement s'entasser sur ses intéressants pupilles, augmenter le petit avoir de chacun d'eux, puis celles des capitaux plus considérables, dont les neuf et les dix sont les images naturelles. Si les diverses séries n'ont pas toujours marché d'un pas égal, c'est que les chances n'ont pas été les mêmes pour les orphelins. Quelques-uns étaient pauvres encore, quand d'autres prenaient un valet, recevaient une épouse. Mais, enfin, le bon procureur aidant, tous sont arrivés. Tous ont rempli leur tâche, complété leur série, et sont devenus, comme les rois qui les surmontent, des hommes honorables et estimés. Leurs barbes sont vénérables, leurs vêtements sont d'or et de soie, ils portent en tête la couronne de la prospérité.

Quel honneur pour le joueur habile qui a su ménager et amener tant de succès!

O vous tous qui vous ennuyez, profitez d'un si mémorable exemple! Secouez votre torpeur, et, si vous ne pouvez vous occuper du bonheur de votre prochain, pour être au moins bien certain de ne pas lui nuire, ni même trop l'ennuyer, faites des patiences, vous ne serez pas tout à fait aussi fier que notre glorieux procureur; mais, à coup sûr, le temps vous paraîtra moins long, la vie plus supportable.

LA FLÈCHE.

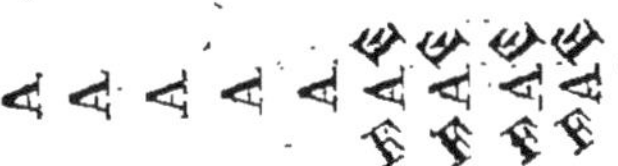

Blessures de guerre, blessures d'amour, se faisaient autrefois avec la flèche. Cette arme aussi gracieuse que perfide et cruelle, se compose d'un fer quelquefois bardelé, d'une hampe, de deux ailes.

Une carte est posée droite devant le joueur. C'est la pointe de la flèche. *Les quatorze cartes qui viennent ensuite se placent au-dessous, deux à deux, et un peu inclinées, de manière à se couvrir toutes mutuellement dans le haut.* Elles forment les arêtes ou bardes du fer. *La seizième carte enfin se met sous les autres en travers.* C'est la douille destinée à recevoir la hampe.

Le premier tableau, ou fer de la flèche, *une fois établi, la première carte qui sort du jeu se pose droite au-dessous; elle sert de commencement* à la hampe ou tige de l'arme, c'est-à-dire *à une ligne verticale qui sera prolongée par les sept autres cartes de même valeur qui se trouvent dans le jeu, et qui se placeront droites les unes au-dessous des autres à mesure qu'elles viendront à se présenter.*

Mais, en attendant que cette hampe ou *ligne verticale puisse se prolonger, on s'occupe de l'établissement de deux autres petits tableaux*, représentant les plumes, dont le bois de la flèche doit être garni. *Chacun d'eux se compose de cinq cartes, elles se posent les unes au-dessous des autres, un peu inclinées. L'un de ces petits tableaux se met à droite, l'autre à gauche de l'emplacement qu'occupera la* hampe ou *ligne verticale. L'ordre dans lequel les cartes sortent du jeu ne doit jamais être interverti, seulement leur distribution se trouve momentanément interrompue, s'il se pré-*

sente une carte devant figurer sur la hampe ou *grande ligne verticale* (1).

Chacune des huit cartes qui composent cette grande ligne devient, aussitôt qu'elle est placée, la souche d'une série ascendante, composée par famille ; car la hampe de l'arme meurtrière doit, si le joueur est habile, se métamorphoser peu à peu en une tige vigoureuse, image de ces familles bénies, qui, grâce aux joies et aux bonheurs de la paix, vont toujours croissant en nombre, en force et en prospérité.

(1) La flèche, telle qu'elle est représentée en tête de cette patience, exigeant un espace assez considérable, on peut, pour plus de facilité, établir les cartes qui forment les deux petits tableaux à droite et à gauche du fer au premier tableau, et au-dessous les cartes destinées à servir de souches aux séries ascendantes.

T
T T
F T T F
F T T F
F T T F
F T T F
F T T F
T T
T
AAAAAAAA

Les séries se fondent et s'alimentent, soit avec les cartes prises dans le fer ou sur les plumes de la flèche, c'est-à-dire *dans les trois tableaux précédemment formés, soit avec celles qui sortent du jeu, ou qui se présentent à la surface d'un talon, dépôt formé par le joueur, aussitôt après l'établissement des trois tableaux, avec toutes les cartes qui ne peuvent figurer ailleurs.*

Le rêveur philosophe verra dans ce talon, tantôt le magasin où une nation sage et puissante entasse les matériaux qui ne peuvent pour l'instant être employés à la confection des armes; tantôt le gracieux arsenal où les doux propos et mignardises de l'amour qu'il serait indiscret, peut-être même dangereux, de mettre en avant, sont gardés en réserve pour des temps plus heureux.

Dans les hasards de la guerre, comme dans les bonheurs de l'amour, les changements sont brusques et fréquents, et les causes qui les amènent souvent bien futiles et légères. Les plumes qui tout à la fois ornent et arment la flèche, peuvent en donner une idée. Pendant le courant de la patience, leur longueur varie sans cesse. *Chacune des dix cartes qui*, pour les représenter, sont placées des deux côtés de la hampe et *forment les deux petits tableaux*, *peut devenir la souche d'une fraction de séries descendantes provisoires formées par famille; et* de même que la victoire et la conquête couronnent *le plus souvent* celui qui sait tirer parti des moindres hasards, les préparer, pour ainsi dire, et les faire tourner à son avantage, *le succès de la patience dépend de l'attention que met le joueur à établir ces fractions de séries descendantes qui ne s'alimentent qu'avec des cartes prises à la surface des paquets formant les deux petits tableaux, ou à la base* du fer de la flèche, c'est-à-dire *du premier tableau. Elles sont destinées à être transportées sur une des huit grandes séries ascendantes aussitôt que l'occasion s'en présentera, ou même à passer de l'une* des plumes *sur l'autre, si ces changements peuvent, soit dégager des cartes bonnes pour les séries ascendantes, soit créer, dans les deux petits tableaux*, *des vides. Ces vides sont aussitôt comblés avec les cartes du talon, et quand il n'existe plus ni talon ni jeu, mais seulement alors, avec les cartes qui se trouvent au bas* du fer de la flèche, c'est-à-dire *du premier tableau.*

Lorsque les divers tableaux, le fer ou les plumes de la flèche, *présentent en même temps des cartes appelées à figurer sur les séries ascendantes ou descendantes, on doit toujours prendre de préférence celles du premier tableau*, celui qui représente le fer de la flèche, *car la patience ne peut pas réussir tant qu'il n'est pas entièrement disparu.* Tant que la force armée, dont il est l'emblème, n'est pas devenue absolument inutile, une nation ne saurait être parfaitement heureuse et prospère. Mais, comme l'ignorance et les préjugés, ce fer est tenace et solide; il ne peut être attaqué que par sa base, et *la* douille, ou *carte du bas, doit partir la première. Les autres suivent ensuite à mesure qu'elles se trouvent entièrement découvertes.*

Comme un monarque prudent et éclairé, qui

a la sagesse de détourner au profit des arts, de la paix, une partie des richesses destinées primitivement à la guerre, *le joueur habile ne doit rien négliger pour consolider et augmenter sans cesse les séries ascendantes*, images de ces familles honnêtes, tranquilles, laborieuses et souvent puissantes, sous leur modeste enveloppe, qui font la prospérité des nations. *Mais*, si le résultat est glorieux, le labeur est rude, et *il est bien rare que les huit séries ascendantes se trouvent entièrement formées après la première distribution des cartes*. La nation cependant continue son œuvre de régénération, et, comme elle est persévérante et opiniâtre au travail, l'opération se renouvelle deux fois.

Le joueur peut, à deux reprises différentes, relever le talon et recommencer, en s'astreignant toujours aux mêmes règles, la distribution des cartes qui la composent.

Seulement, après trois distributions, quand toutes les forces de la nation ont été employées pendant trois années consécutives à la conquête de la paix, *la patience est manquée, si les huit séries ascendantes ne se trouvent pas complètes; si le premier tableau,* représentant le fer de la flèche, *et les deux petits tableaux,* représentant les plumes, *ne sont pas entièrement disparus.* Il faut, pour que la patience réussisse, que tous les matériaux employés autrefois aux engins de guerre ne servent plus qu'aux œuvres de la paix, que toutes les ressources de l'État enfin se trouvent uniquement consacrées à l'accroissement des richesses et du bien-être de la population.

LES MISSIONNAIRES.

TTTTTTTT
AAAAAAAA
PPPPPPPP

Voulez-vous méditer sur de beaux exemples de vertu et d'abnégation, partager les travaux, les anxiétés des saints missionnaires? Les patiences, bonnes à tout, applicables à tout, vous en offrent un moyen simple et facile.

Huit cartes s'étalent sur une ligne horizontale, ce sont huit pères capucins qui partent pour les missions. *Le reste du jeu se distribue en huit paquets de douze cartes,* représentant chacun une peuplade sauvage. *Ces paquets se placent sur un rang, au-dessous de la première ligne de cartes, parallèlement à elle, et de manière à ménager entre les deux lignes l'espace nécessaire pour pou-*

voir placer une troisième rangée, qui sera aussi de huit paquets ou séries, images des agglomérations ou communautés formées par les sauvages, à mesure que les soins et l'éloquence des bons pères parviennent à les gagner à la foi.

Ces huit séries ne peuvent se fonder et alimenter qu'avec des cartes prises à la surface des paquets qui composent la ligne du bas; car les bons capucins, peu éclairés sur les choses de ce monde, se figurent qu'il n'existe d'impies et de païens que parmi les sauvages, et ne s'adressent qu'à eux.

Ainsi donc, toutes les cartes de la ligne inférieure, quelle que soit leur famille, qui, par leur valeur, font suite à une des cartes de la rangée supérieure, sont placées immédiatement au-dessous d'elle, dans l'espace réservé entre les deux lignes primitivement établies. Sous un as, par exemple, on met un deux, sous un quatre un cinq, sous un roi un as, et, comme tout nouveau converti cherche à faire des néophytes, *elles deviennent, aussitôt qu'elles sont posées, les sou-*

ches de séries ascendantes formées sans distinction de familles. Les premiers chrétiens, animés d'un saint zèle, attirent à eux tous ceux sur lesquels ils exercent de l'ascendant, quelles que soient leur race ou leur couleur.

Quand la surface des paquets de la troisième ligne ne présente plus aucune carte qui puisse fonder ou alimenter les séries, quand les efforts des missionnaires semblent devenir infructueux, *on relève le premier paquet de la rangée du bas et on distribue sur les autres paquets de cette rangée les cartes qui le composent, en ayant soin toutefois de poser la première carte qui en sort à la place qu'il occupait lui-même, pour que le nombre des paquets de la rangée reste toujours de huit.* Le paquet ainsi distribué est une peuplade qui, ayant épuisé les pâturages de son canton, quitte le pays. Elle ne laisse dans la contrée qu'un très-petit nombre de ses membres pour en garder la possession. Tous les autres se dispersent dans les tribus voisines et s'y trouvent naturellement soumis aux mêmes influences que leurs nouveaux hôtes. De là vient que *cette distribution amène presque toujours à la surface des paquets de la troisième ligne des cartes aptes à continuer les séries ou à fonder celles qui ne le seraient pas encore. Il faut attendre que la distribution du paquet soit complétement terminée, avant d'enlever aucune carte pour le service des séries;* car, quel que soit le zèle des pères missionnaires, les nouveaux arrivés ne consentent à les écouter qu'après avoir complété leur installation dans leurs nouvelles tribus, *et, il est prudent de prendre toujours de préférence les cartes qui surmontent les paquets placés à la gauche du joueur. Ces paquets, qui ne seront plus distribués sur les autres, doivent être maintenus aussi faibles que possible.* N'est-il pas naturel, d'ailleurs, que les bons pères s'attachent tout particulièrement à la conversion des individus les plus endurcis, de ceux qui ont donné des preuves de leur opiniâtreté et de leur entêtement, en persistant à habiter des contrées épuisées et sans aucune ressource. Les soins et la tendresse des mères ne semblent-ils pas toujours augmenter quand l'état maladif des enfants devient plus grave.

Cependant, malgré tant d'efforts et de peines, il arrive promptement un moment où les conversions deviennent impossibles, *où la troisième ligne ne présente plus à sa surface aucune carte qui puisse aller sur les séries. Le joueur alors relève le second paquet de la rangée inférieure, et le distribue sur les autres, comme il a déjà fait pour le premier.*

Tous les paquets de la rangée du bas sont ainsi successivement relevés et distribués à mesure que le besoin s'en fait sentir, car le ciel seconde les efforts des bons missionnaires. Les maux que les ignorants et les impies considèrent comme des preuves de son courroux ne sont bien souvent que des manifestations de son infinie bonté, et les souffrances et la famine qui, dans notre patience, semblent poursuivre et s'attacher aux peuplades les plus féroces, sont un moyen employé par lui pour les amener à se répandre parmi les autres tribus et à subir comme elles les influences des saints apôtres de la foi.

Chaque série ascendante doit naturellement se terminer par la carte de la première rangée, au-dessous de laquelle elle se trouve placée; cette carte se pose sur elle pour la clore. C'est un père capucin qui rabat son capuchon; sa tâche est terminée, il revient en Europe à la tête de douze nouveaux chrétiens.

La patience serait manquée si la distribution des huit paquets ne donnait pas la possibilité de compléter les huit séries ascendantes, s'il restait quelques cartes sur la troisième rangée, si il se trouvait encore des sauvages à convertir; si enfin tous les capucins n'ayant pas complétement terminé leurs travaux, n'avaient pas le droit de rabattre leurs capuchons, et de revenir humbles et silencieux, finir en paix, dans leur couvent, une noble et sainte vie, toute de dévouement et d'abnégation.

LA CULTURE.

T

T T T T

T T T T

T T

T T

T O T

A l'arrivée du printemps, agriculteurs et horticulteurs visitent les serres et magasins qui ont abrité leurs grains et leurs instruments. Tous ces objets, rentrés à mesure qu'ils cessaient d'être employés, s'y trouvent entassés sans ordre, comme le sont *les cartes bien mêlées de deux grands jeux*. On ne parvient à les débrouiller qu'en les sortant successivement. Toutes les cartes *se tirent une à une. Les treize piques de l'un des jeux qui viennent à paraître les premiers sont étalés devant le joueur, dans l'ordre de leur valeur;* ce sont les socs de charrue et fers de bêche nécessaires pour préparer et ameublir treize champs ou plates-bandes.

Ces cartes se posent de manière à former un demi-cercle, commençant par l'as et finissant par le roi. Le joueur pose chacune d'elles à la place que lui assigne sa valeur, sans s'inquiéter si celles qui devraient la précéder ou la suivre sont déjà étalées sur la table. La seule chose importante est que quand la figure sera terminée, chaque carte occupe exactement la place à laquelle elle a droit. En agriculture, comme en toute autre entreprise, l'ordre et la régularité sont les premiers et les plus indispensables éléments de succès.

Les autres cartes, à mesure qu'elles se présentent, s'entassent en un monceau ou talon, car bien des agriculteurs ont la malheureuse habitude d'accumuler sans soin, dans quelque coin retiré, les objets dont ils n'ont pas un besoin immédiat.

Tout pique placé sur la table doit être recouvert d'un carreau de la même valeur, dès que cette carte viendra à se présenter. Le carreau est la semence féconde qui se répand sur le sol, préparé par le pique pour la recevoir. De même que le grain ne peut lever qu'autant qu'il est convenablement arrosé, *on devra, sur le carreau, mettre un trèfle*, image des douces rosées, *puis*, grâce à leur bienfaisante action, *apparaîtront* les fleurs, représentées par les *cœurs*.

Aussitôt que les quatre cartes de même valeur de l'un des jeux se trouvent placées les unes sur les autres, on pose sur le paquet qu'elles forment les cartes de même valeur du second jeu, en suivant exactement les règles déjà indiquées et sans qu'il soit jamais nécessaire d'attendre pour placer les carreaux, par exemple, que tous les piques soient sortis, ou pour mettre les cœurs que tous les carreaux aient été recouverts par des trèfles. Un agriculteur n'attend pas pour ensemencer un champ que tous ceux qu'il cultive aient été labourés. Les fleurs, les fruits même de certaines cultures s'étalent au soleil quand d'autres sont à peine ensemencées.

Sur les cœurs on met les piques du second jeu,

images des divers sarclages qu'il est bon de donner aux plantes quand les fleurs commencent à passer. *Sur les piques se posent les carreaux*, instruments servant à l'ébourgeonnement et à la taille, *puis viennent les trèfles*, noirs comme les engrais indispensables pour la belle formation du fruit, *et enfin* ces fruits eux-mêmes représentés par *les cœurs*.

En résumé, une culture ne pouvant être complète et amener une récolte abondante que si la terre a été labourée, semée, arrosée, que si les plantes ont fleuri et ont ensuite été sarclées, taillées, fumées et mises en mesure de donner de bons fruits, *chacun des treize paquets doit* aussi, *pour être complet, se composer de huit cartes de même valeur, disposées toujours dans le même ordre, et toute carte qui, à sa sortie du jeu, ne peut par suite, soit du nombre de ses points, soit de la famille à laquelle elle appartient, être immédiatement déposée sur un paquet, doit être impitoyablement reléguée au talon.*

Quand les cartes du jeu se trouvent épuisées

avant que tous les paquets ne soient complétés, quand les moyens et instruments de culture viennent à manquer avant que toutes les récoltes n'aient paru, l'agriculteur, poussé par la nécessité, visite le dépôt des objets qu'il avait d'abord négligés comme inutiles. Il examine chacun d'eux et cherche à en tirer parti. *Le talon est relevé et toutes les cartes qui le composent sont distribuées, soit sur les divers paquets* (ce sont alors de nouvelles cultures exécutées sur les différentes espèces de terre), *soit sur un nouveau talon,* représentant l'agglomération des matériaux et instruments dont il est impossible de faire usage dans le moment.

Le joueur peut relever ainsi deux fois le talon et en distribuer les cartes, car il est bien rare qu'un agronome, quel que soit son talent, puisse, dès la première ou même la deuxième année de ses travaux, obtenir des résultats également satisfaisants dans toutes ses cultures. *Mais* il faut être bien négligent ou bien ignorant pour ne pas parvenir, dans une période de trois années, à exécuter huit opérations agricoles sur chacune des pièces de terre que l'on cultive, et *celui qui, après trois distributions, n'a pu réunir les huit cartes de même valeur*, représentant un champ, *en treize paquets divers où elles soient superposées dans un ordre régulier* correspondant à celui des opérations agricoles, *est obligé de reconnaître que la patience est manquée.* C'est un cultivateur inhabile qui devra, s'il veut éviter une ruine imminente et complète, se hâter de vendre ses terres, ou tout au moins de les louer à de bons et solides fermiers.

LA CONSTITUTION.

FFFFFFFFFF
FFFFFFFFFF **O**
FFFFFFFFFF
AAAAAAAA

L'établissement d'une constitution dans un grand et vaste empire est une bien grosse et grave affaire! Les législateurs appelés à ce travail commencent par étudier les lois en usage. *Les trente premières cartes sorties du jeu*, représentant les textes de ces lois, *s'étalent sur le bureau, on les dispose par rangées de dix, superposées les unes aux autres, de manière à former un tableau qui offre dix colonnes verticales de trois cartes chacune.*

Les préceptes simples, naturels, innés, pour ainsi dire, chez l'homme, servent de base à la nouvelle constitution. Ce sont *les as; aussitôt qu'ils paraissent,* ils *se posent à part et deviennent les souches de séries ascendantes, formées par famille;* chacune d'elles représente un chapitre de la nouvelle constitution, où devront être réunies toutes les lois qui traitent du même sujet.

Mais aucun des articles appelés à les composer ne peut être admis qu'après avoir été étudié et discuté, et on ne considère comme tels que ceux représentés par *les cartes placées au bas de l'une des dix colonnes verticales du tableau;* ce *sont les seules qu'il soit permis de prendre pour figurer aux séries ascendantes.*

Les cartes qui n'occupent pas naturellement cette position peuvent y être amenées par le départ de celles qui les couvrent, ce qui s'obtient en établissant des fractions de séries descendantes sur les cartes servant de base aux différentes colonnes verticales. Ces séries provisoires ne se forment qu'avec les cartes libres qui se trouvent au bas du tableau, elles se placent les unes sur les autres, suivant leur valeur, mais en alternant les couleurs.

Sur une dame noire, par exemple, on met un valet rouge, puis un dix noir, et ainsi de suite. Le mélange des couleurs rappelle la grande variété des opinions émises par les législateurs, et la pose des cartes suivant leur valeur donne une idée de l'ordre parfait et de l'harmonie qui doivent se trouver dans les articles de la constitution.

Le joueur a toujours avantage à épuiser complétement une des colonnes du tableau, car il peut alors en fonder une nouvelle à la place qu'elle occupait, en lui donnant pour base, ou plutôt pour tête, une carte prise à son choix dans le bas du tableau général. Les législateurs, eux aussi, n'ont-ils pas intérêt à compléter entièrement un des chapitres de la constitution. Libres alors de toutes préoccupations, ils peuvent en entamer un autre à leur choix, et se consacrer entièrement à ce nouveau travail.

Toutes ces ressources une fois épuisées, si aucune carte libre n'est apte à entrer dans les séries, si aucun des articles de loi élaborés ne peut figurer dans ceux des chapitres de la constitution dont on s'occupe pour le moment, on présente de nouveaux projets, *on tire de nouvelles cartes du jeu. Toutes celles qui ne peuvent figurer ni sur les séries ascendantes, ni sur les séries descendantes qui terminent les colonnes du tableau, forment un talon*, véritable panier de rebut où s'enfouissent cependant, de temps à autre, quelques bonnes idées, et *d'où l'on tire chaque fois que l'occasion s'en présente et préférablement à celles du jeu, les cartes appelées à figurer, soit aux séries ascendantes, soit au bas du tableau.*

Quand le jeu est épuisé, quand toutes les pièces déposées sur le bureau des législateurs et celles jetées au panier de rebut ayant également disparu, *il n'y a plus ni tableau, ni talon, quand enfin il ne reste absolument que huit séries bien complètes reposant sur des as et terminées par des rois, la patience a réussi* et la nouvelle constitution, parfaite en tout point, offre à l'admiration des peuples ses huit chapitres, reposant chacun sur une vérité presque naïve par sa simplicité, et tous terminés par des lois habiles, savantes et sages.

LES MARIAGES.

TTTTTTTT
AAAAAAAA
PPPPPPPP

Les huit premières cartes tirées du jeu sont placées sur une ligne horizontale, ce sont huit jeunes personnes, blondes langoureuses, ou brunes piquantes, gentilles, fraîches et gracieuses, égales en beauté, en sagesse, en vertu. Leurs dots seules diffèrent. Le nombre des points tracés sur les cartes qui les représentent en indique le montant. Inscrire le chiffre de sa fortune sur sa carte est une idée neuve et ingénieuse, que notre siècle de perfectionnement finira certainement par adopter.

Les huit cartes qui sortent ensuite se posent sur une autre ligne, établie parallèlement à la pre-

mière. Ce sont huit soupirants. Ils suivent d'aussi près que possible les jeunes beautés qui les enflamment; seulement *la sagesse et la prudence du joueur veillent à ce qu'entre la place où on les pose et la première rangée*, celle des jeunes filles, *il soit réservé l'espace nécessaire pour contenir une troisième ligne de cartes*, qui représenteront les prétendants admis par les grands parents.

Reste à savoir sur qui portera le choix de la famille. Émouvante question que bien des petits cœurs s'adressent souvent en secret. N'ont-ils pas raison de craindre? La froide vieillesse, et souvent hélas aussi, le raisonnable âge mûr comprennent si peu les printanières rêveries de la candide et gracieuse adolescence. Mais, en cette occasion, les faiseurs de patience ne se montrent ni féroces, ni barbares. *Toute carte de la rangée du bas, dont la valeur suit immédiatement celle de l'une des huit premières cartes sorties du jeu, se place sous cette carte, dans l'espace réservé, quelle que soit, d'ailleurs, sa couleur ou sa famille: sous un as, par exemple, on met un deux, sous un sept un huit, sous un roi, un as*, car un seul point de supériorité dans la fortune des prétendants suffit pour contenter les pères et tuteurs, dont les idées n'en sont pas moins jugées bien positives et bourgeoises par plus d'une petite cervelle romanesque.

Quand, parmi les soupirants, il ne se trouve plus aucun prétendant qui puisse être considéré comme sérieux, *quand on ne peut plus faire passer sur la rangée du milieu aucune des cartes qui se trouvent sur celle du bas, on recharge cette ligne de huit nouvelles cartes tirées du jeu, et on continue ainsi jusqu'à ce que la rangée intermédiaire soit complétement formée.*

Alors, mais alors seulement, chacune des huit cartes qui la forment devient la souche d'une série ascendante, établie sans distinction de couleur ni de famille, avec des cartes prises sur la rangée inférieure. Les cartes qui s'accumulent ainsi sont les images des jolis propos, tendres discours, innocents cadeaux et murmures d'amour, que les prétendants admis ne craignent pas d'accommoder à leur usage, quand les malheureux soupirants, tenus constamment éloignés des objets de leur flamme, les leur confient dans l'espoir qu'ils les transmettront en amis fidèles.

Mais l'amour, qui va toujours croissant, en raison même des difficultés, absorbe *bientôt* tellement les pauvres soupirants que toutes leurs confidences viennent à cesser, et *la rangée du bas ne présente plus de cartes aptes à figurer sur les séries ascendantes. En ce pénible embarras, on a recours au jeu; huit nouvelles cartes en sont tirées et déposées sur la rangée du bas.* C'est une pacotille de spirituels propos et séduisants objets, envoyée de Paris la grand'ville. *Ces cartes, quand elles sont posées, fournissent ordinairement de nouveaux aliments aux séries ascendantes, seulement on ne peut en enlever aucune tant que la rangée n'a pas été entièrement recouverte*, car il est certain que l'on peut être choisi par les familles et même toléré par les jeunes filles, sans avoir pour cela l'esprit prompt et subtil; et il faut laisser aux prétendants, ces vampires éhontés, le temps nécessaire pour étudier, comprendre, et s'approprier les délicates tendresses qui leur sont confiées par leurs trop confiantes victimes.

Chaque fois que la rangée du bas ne présente plus de cartes qui puissent figurer sur les séries, on la recharge de huit nouvelles cartes, ce sont de nouveaux envois que les soupirants font venir à grands frais de la ville aux séductions. *Et le jeu de patience* et le jeu d'amour *se continue ainsi tant qu'il se trouve des cartes dans la main du joueur, tant que la troisième rangée n'a pas entièrement disparu. Si on ne parvient pas à ce résultat, la patience est manquée*, les huit jeunes filles restent dans un éternel célibat. *Pour qu'elle réussisse, il faut que chaque série n'ait plus besoin, pour être complétée, que de la carte de la première ligne; on la pose alors dessus*. C'est la fiancée qui, cédant aux douze précieuses preuves d'amour de son prétendant, et, faut-il le dire aussi, ne voyant plus autour d'elle aucun soupirant, consent enfin à couronner des assiduités dont le mobile et la source ne sont pas toujours des plus purs. Que de mariages, hélas, se font ainsi en notre siècle de corruption! Mais, les huit séries n'en sont pas moins complètes; la noce n'en est pas moins nombreuse et brillante, et le joueur, satisfait du présent, n'a pas à s'occuper de ce qui pourra arriver par la suite des temps.

L'ÉPI.

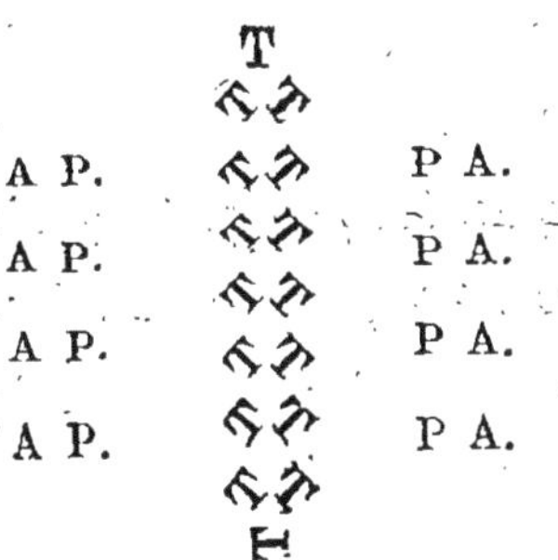

Tous les bons Parisiens mangent du pain. La quantité et la qualité varient, il est vrai, un peu, suivant l'état de leur fortune, ou les caprices de la mode; mais enfin tous en mangent, tous aussi savent que le pain, comme la brioche, se fait avec de la farine ; seulement, il en est bien quelques-uns qui n'ont jamais vu un épi.

Voulez-vous vous donner une idée assez exacte de la forme de cette enveloppe du grain ? *Dispo-*

sez dix-sept cartes sur une table, la première droite devant vous, les autres en éventail deux par deux, un peu inclinées, et se recouvrant légèrement par le bas. Voulez-vous vous rendre compte des travaux qu'exige la transformation du grain en pain? *Installez de chaque côté de ce tableau* ou épi, *une rangée verticale de quatre cartes.* Ce sont les meules sous lesquelles le grain sera broyé.

En établissant l'épi et les meules, *le tableau et les deux rangées verticales, on met à part les as qui peuvent se rencontrer. Ils servent de souches à des séries ascendantes*, images des diverses espèces de pain, pain des champs, pain de ménage, pain de ville, pain anglais, pain viennois, pain de Paris, et bien d'autres pains encore.

Ces séries sont ascendantes, parce que les pains sont toujours supposés aller s'améliorant et se perfectionnant. Elles sont *composées indifféremment de cartes de toutes les familles*, parce que pour obtenir plus de variété dans la pâte, on emploie des farines de diverses provenances. Enfin, *on ne commence à déposer les cartes appe-*

lées par leur valeur, sur les as qui leur servent de souches, qu'après avoir complétement installé le tableau ou épi *et les deux petites rangées verticales*, parce que quelque habiles que l'on suppose nos boulangers, ils ne peuvent pétrir, tant que le grain n'est pas récolté, tant que les meules destinées à le broyer n'ont pas été montées.

Puis, comme il faut avant de penser à faire le pain que le grain ait été moulu : *on ne peut alimenter les séries qu'avec des cartes prises soit sur les* meules ou *rangées verticales, soit au bas du tableau* ou épi. Ces dernières cartes représentent les sacs de grain les plus près de la porte du magasin, les premiers à envoyer au moulin; on peut, à la rigueur, les considérer comme déjà moulus.

Mais un cultivateur intelligent visite ses gerbes, travaille ses grains, les classe dans l'ordre qui lui semble le plus avantageux, et surtout augmente autant que possible la quantité de ceux qu'il tient en magasin. De là vient que *le joueur doit toujours considérer comme base d'une fraction de série descendante, la carte du bas du tableau* ou épi, *et chercher à grandir ce tableau, à l'allonger autant que possible, en déposant sur cette carte, toutes celles qui y sont appelées par leur valeur, quelles que soient leurs familles. Seulement ces cartes, comme celles des grandes séries ascendantes, ne peuvent être prises que sur les deux rangées verticales, ou à leur sortie du jeu.* Ce sont des grains de choix que l'on fait venir du moulin, ou même directement des champs.

Ces bases une fois posées, le cultivateur modèle, c'est-à-dire *le joueur, tire successivement toutes les cartes du jeu;* il fait battre séparément chacune de ses gerbes, *et* tout le grain qu'il ne peut envoyer directement aux diverses boulangeries, ni même déposer dans son grenier, *toutes les cartes qu'il ne peut faire figurer aux diverses séries ascendantes, ni employer à prolonger la série descendante qui forme le bas du tableau* ou épi, *sont déposées en un talon.* C'est la grange de la ferme.

Les vides faits dans les rangées verticales sont

immédiatement remplis avec la carte supérieure du talon, et quand il n'y a pas de talon, avec la première carte qui sort du jeu. Car les meules ne doivent jamais tourner inutilement; il y aurait perte de temps et détérioration de la machine; et quand la grange ne peut alimenter le moulin, on y envoie directement des gerbes des champs.

Naturellement aussi, le cultivateur cherche toujours à maintenir au grand complet, et même à augmenter son magasin ou épi, ce qui fait que *toutes les fois que, par suite de quelque placement de cartes sur les séries ascendantes, la carte qui est à la surface du talon se trouve appelée à figurer au bas du tableau, on l'y dépose immédiatement.* C'est du grain qui va de la grange au magasin.

La patience a réussi, quand le talon, le tableau, et les deux rangées verticales ayant entièrement disparu, il ne reste plus que les huit séries ascendantes, terminées par les rois dorés comme les pains qu'ils représentent. Il n'y a plus pour le cultivateur enrichi, ni champs, ni grange, ni magasin, ni moulin. Il a su mettre du pain sur la planche pour le reste de ses jours ; il peut se reposer enfin, et se livrer sans interruptions ni remords au bonheur de faire d'éternelles patiences.

UNE LEÇON DE POLITIQUE.

F F F F F F F F F F F F F F
AAAA
DDDD

Un jeu entier, bien complet, peut nous donner l'idée d'une nation qui, si on considère l'éclat, la variété des diverses cartes, et le nombre de leurs points, paraît riche et puissante. Comme les cartes, qui se divisent en quatre grandes familles parfaitement égales entre elles, la malheureuse nation est divisée, agitée, déchirée par d'ambitieuses factions. Les divers partis étant égaux en force et en puissance, aucun d'eux ne veut rien céder aux autres ; il en est même qui appellent les peuples voisins à leur venir en aide ;

et à force de rivalités, de haines et de jalousies, le pays finit par se trouver complétement envahi, au point que le nombre des étrangers égale bientôt celui des habitants. *Les cartes des deux grands jeux bien consciencieusement mêlées* peuvent seules représenter la confusion qui règne alors en ces malheureuses contrées. Elles *sont divisées en treize paquets de huit cartes chacun que l'on pose en demi-cercle, les points ou figures en dessus.*

Ces paquets sont les diverses provinces du pays. Opprimé et épuisé il reconnaît enfin son erreur, et bientôt il n'existe plus que deux grands partis, celui des envahisseurs dirigé par ses généraux, représentés par les rois, celui des indigènes qui n'ont que des chefs de bande, hommes simples et énergiques représentés par les as.

Ceux des rois de l'un des jeux ou des as de l'autre, qui se trouvent à la surface des paquets, sont enlevés et placés au centre du demi-cercle sur deux rangées, où ils deviennent aussitôt les sou-

ches de séries ascendantes et descendantes, composées uniquement de cartes de leur famille), car chacun d'eux ne peut entraîner que les hommes sur lesquels il exerce une influence directe), *et alimentées seulement par les cartes qui surmontent les paquets,* parce que, dans les provinces éloignées surtout, il faut avoir déjà une certaine supériorité sur son entourage, pour oser se prononcer et prendre ouvertement un parti.

Le nombre des chefs qui lèvent l'étendard, et celui de leurs premiers adhérents, est ordinairement assez restreint. Il faut donc mettre le plus de personnes possible en position de se prononcer. Les meneurs, pour y parvenir, s'introduisent dans les familles, ménagent des déplacements, et cherchent à rapprocher ceux qui semblent devoir s'entendre. *Le joueur* fait de même, il *établit sur les cartes qui surmontent les différents paquets des fractions, soit ascendantes soit descendantes, de séries composées par famille. Son seul but doit être de mettre en évidence des cartes aptes à fonder ou alimenter les huit grandes séries centrales, et pour cela il ne doit craindre ni d'amoindrir certains paquets ni d'en gonfler d'autres outre mesure.* Ne voit-on pas, suivant les besoins de la guerre, des contrées momentanément surchargées de monde, tandis que d'autres se trouvent presque désertes. Il est toujours sage *cependant* de ne jamais abandonner complétement une contrée où on ne pourra plus revenir, que quand on y est forcément contraint, et *le joueur prudent ne fera entièrement disparaître un paquet qu'en cas de nécessité absolue.*

Ces moyens une fois épuisés, les chefs de parti, espérant que des hommes dépaysés seront plus faciles à entraîner, font cesser un instant leurs éternelles rivalités, et se réunissent pour fonder une nouvelle colonie. Ce sont naturellement les esprits aventureux, ceux qui se mettent toujours en avant qui répondent les premiers à l'appel. *On enlève* donc *la carte du dessus de chaque paquet, leur réunion forme un quatrième groupe qui se pose à la suite de ceux déjà existants. Il se trouve nécessairement plus nombreux qu'aucun de ceux qui ont contribué à sa formation.* Les peuples pauvres et malheureux ont toujours été ceux qui fournissent le plus d'émigrants. Dès que la nouvelle province est constituée, *dès que le quatorzième paquet est posé,* les agents recommencent leurs travaux de recrutement, *le joueur se met à fonder et à alimenter les huit séries centrales avec toutes les cartes de la surface des paquets qui peuvent y figurer, et, comme la première fois, il établit des fractions de séries ascendantes et descendantes sur toutes celles de ces cartes qui peuvent s'y prêter.*

Mais il arrive enfin un moment où aucune carte ne peut plus être enlevée. Les treize provinces et la colonie également épuisées sont dans un état d'anarchie complète. *Le joueur ramasse alors les quatorze paquets qu'il pose les uns sur les autres sans les mêler, et les distribue par monceaux de six cartes.* Le pays, au lieu d'être divisé en quatorze provinces, se trouve partagé en un nombre indéterminé de districts, contenant tous, à l'exception peut-être du dernier, la même quantité d'habitants. *Ces nouveaux paquets une fois établis, le jeu recommence. On pose sur les huit séries centrales toutes les cartes qui peuvent y figurer, on forme des fractions de séries pour s'en procurer d'autres; on va même jusqu'à établir, comme la première fois, un paquet supplémentaire ;* car les agitateurs, toujours prêts à tirer parti des moindres circonstances, ne craignent pas d'avoir sans cesse recours aux mêmes moyens pour attirer de nouveaux adhérents à leurs divers partis.

Puis enfin, quand il n'y a plus absolument rien à faire, tous les paquets sont relevés une troisième fois, réunis, sans être mêlés, dans la main du joueur, et distribués par groupe de quatre cartes. Les vampires de la nation espèrent en amoindrissant les districts, pouvoir les pressurer plus facilement *et* ils vont même, quand tout est épuisé, *quand il ne se trouve plus de cartes à placer sur les séries centrales*, jusqu'à prélever sur ces agglomérations amoindries de quoi former un département supplémentaire; *les cartes supérieures de chaque paquet sont enlevées, pour en former un dernier, qui se pose à la suite des autres, de nouvelles cartes sont alors mises à découvert, et on se hâte soit de les déposer sur les séries centrales, soit d'en former de nouvelles fractions de série.*

Si tant de travaux restent sans résultat, si l'emploi persévérant de tous ces moyens n'amène pas la formation des huit séries centrales, la patience est manquée, et la malheureuse nation reste dans l'anarchie, la ruine, la désolation. Mais, si au contraire, les séries se trouvent bien complètes, tous les habitants ne forment plus qu'un seul faisceau. La paix, le calme, le bonheur sont revenus, car les diverses factions, sans s'en rendre compte à elles-mêmes, ont été amenées à se faire de mutuelles concessions. Les envahisseurs ont fini par se confondre avec les indigènes, les séries fondées sur les rois, après avoir admis dans leur sein les cartes les plus infimes, en sont venues au point de se laisser surmonter par des as; et celles des prolétaires, fondées sur les as, comprenant enfin que les personnages faisant figure ne sont pas toujours à dédaigner, ont consenti à les mettre à leur tête. Heureux, cent fois heureux, le pays, où chaque habitant consent à reconnaître le mérite et la valeur de son voisin. Les rivalités et les haines y sont promptement remplacées par la paix, le bonheur et la prospérité.

LE DICTIONNAIRE DE L'ACADÉMIE.

T T T T T T T T T T
T T T T T T T T T T
T T T T T T T T T T
T T T T T T T T T T
O
A A A A A A A A

Voici l'académie française dans toute sa majesté : *quatre rangées horizontales de dix cartes chacune sont* gravement *étalées sur une table*, ce sont les quarante immortels dont les âges, les aptitudes, les talents varient comme les couleurs et les valeurs de ces cartes prises au hasard.

La docte assemblée désirant mettre un terme à l'intarissable caquetage et aux piquantes railleries des ignares et des envieux qui prétendent que rien de tout à fait complet et bien vraiment remarquable n'est sorti de son sein, a résolu de terminer son fameux dictionnaire de la langue française. Elle veut même, pour mieux constater son savoir-faire, que ce gigantesque ouvrage enlève tous les suffrages par l'éclat du style et les étincelles d'esprit qui s'y succéderont en éternelles cascades.

La patience se compose, comme l'œuvre académique dont elle est l'emblème, *de huit séries de cartes* représentant les grandes divisions du dictionnaire. *Toutes les cartes de chaque série sont de la même famille*, car tous les mots traités dans la même division commencent par la même lettre, ces lettres sont représentées par *les as* qui *servent de base aux* diverses *séries et enfin les séries sont toutes ascendantes* parce qu'à l'académie pas plus qu'ailleurs, dit-on, le génie ne peut jamais descendre, ni même rester stationnaire.

Il s'agit d'abord de tirer les as du tableau, ce qui n'est pas toujours chose facile, car, d'après une décision des vieux académiciens, qui veulent éprouver leurs jeunes confrères, un quart seulement des immortels, ceux représentés par *les cartes qui occupent le rang du bas (ou ce qui revient au même, par les cartes du bas de chacune des dix colonnes verticales composant le tableau), doivent seuls fournir* les lettres à traiter et la rédaction de l'ouvrage, c'est-à-dire *les as et les cartes appelées à figurer sur les séries ascendantes auxquelles ils servent de base.*

Une fois ces cartes enlevées, le joueur forme avec toutes celles de même famille se trouvant à découvert, c'est-à-dire au bas des diverses colonnes verticales du tableau, des fractions de séries qui doivent toujours être descendantes, puisqu'il faut qu'à un moment donné, elles puissent être incorporées dans les grandes séries ascendantes fondées sur les as. Ce sont des chapitres entiers, des morceaux de littérature préparés à l'avance, et tenus en réserve pour être intercalés plus tard dans le grand dictionnaire. *Souvent la formation de ces fractions de séries met à découvert des cartes qui peuvent figurer sur les grandes séries ascendantes. Le joueur les y place aussitôt*, il est heureux de pouvoir ajouter quelques pages à l'œuvre académique.

Quelquefois aussi il arrive qu'une des dix co-

lonnes verticales du tableau a entièrement disparu qu'un chapitre de l'œuvre académique se trouve tout à fait complet. C'est un soulagement et une satisfaction pour les immortels, maîtres alors de choisir le sujet et le titre de celui qu'ils vont traiter. *C'est un grand avantage pour le joueur, qui peut à son choix placer, soit immédiatement, soit quand il le jugera convenable, au haut de l'espace précédemment occupé par la rangée disparue, une carte qu'il enlève du bas d'une des autres colonnes verticales ou qu'il prend sur le talon dont il va être parlé. La nouvelle colonne ainsi fondée devient aussitôt en tout semblable aux autres et jouit des mêmes avantages.*

Puis enfin lorsqu'il n'est plus possible d'enlever aucune carte du tableau ni d'opérer aucune mutation dans celles qui se trouvent à découvert, on a recours aux cartes restées dans la main du joueur. Et de même que les académiciens retrempent leurs esprits dans d'incessantes lectures, consultent successivement tous les livres de leur riche bibliothèque, rejettent ceux qui sont inutiles, et classent au contraire avec soin ceux qui peuvent fournir des matériaux à leur laborieuse élucubration, *le joueur tire une à une toutes les cartes du jeu, celles qui peuvent figurer soit sur les séries ascendantes, soit sur les fractions de séries descendantes, y sont déposées aussitôt qu'elles se présentent, et les autres s'accumulent en un monceau ou talon dont la carte supérieure peut toujours être enlevée, et jouit des mêmes avantages que celles du bas des diverses colonnes verticales du tableau.*

Il pourrait arriver sans doute *que* le dictionnaire de l'académie se trouvant terminé en même temps que la lecture de tous les livres de sa bibliothèque, *les huit grandes séries ascendantes fussent complètes quand toutes les cartes du jeu viennent à être épuisées. Mais* ce serait chose si extraordinaire, et *le cas est si rare, qu'il est tout à fait d'usage* de renvoyer les académiciens à leurs études et à leurs livres, *de relever le talon et d'en recommencer une distribution semblable en tout à celle qui vient d'être faite des cartes du jeu.*

Après cette seconde distribution, les huit grandes

séries ascendantes doivent se présenter bien complètes, toutes terminées par des rois, images des brillantes et solides reliures qui ne sauraient manquer au grand œuvre académique, dont les diverses séries, pour être toujours ascendantes, n'en contiennent pas moins quelques articles de valeur légère, si on en juge par le petit nombre de points des cartes qui les représentent.

Mais, disons-le bien vite, il est presque sans exemple que cette patience ne réussisse pas, et les patiences, on ne saurait trop le répéter, ne se trompant jamais, il est hors de doute que le grand dictionnaire de l'académie sera terminé un jour!

LA CHASSE DU BARON.

DDDDDDDD
PPPPPP O
PPPPPP O

Un baron de date assez fraîche, dit-on, veut donner une chasse à la haute noblesse de sa contrée. Il n'épargne ni soins ni dépenses; sept grands seigneurs ont accepté ses invitations, il faut que la fête soit assez magnifique pour que l'on en parle à la cour.

Dès la veille, ses gardes font le bois, visitent douze ventes différentes et disposent les divers relais de vénerie. La composition de la meute est une des grandes préoccupations du baron. Il n'a pas encore eu le temps d'en former une, et le hasard seul peut lui procurer le nombre de chiens nécessaire pour la composer. Enfin, ne voulant rien négliger, il a fait venir à grands frais des animaux sauvages qu'il tient en réserve, pour les lâcher devant les chasseurs, dans le cas où le gibier ferait défaut.

Faites une patience, ami lecteur, et, plus heureux que les invités du baron, vous pourrez, sans fatigue et sans dérangement, vous donner, au coin de votre feu, une représentation de tout ce mouvement et de tous ces préparatifs, assister à cette chasse mémorable, et même prendre part aux péripéties inattendues qui viendront nécessairement l'accidenter.

Les douze ventes ou terrains de chasse que les piqueurs et gens du pays ont l'habitude de désigner par des numéros, sont représentés par *les douze premières cartes tirées du jeu.* Elles *se placent sur deux rangées horizontales de six cartes chacune, disposées l'une au-dessous de l'autre, de manière à former un tableau. On les compte à mesure qu'on les pose, en sorte que chacune des douze cases de ce tableau a son numéro d'ordre.*

Les rois sont les seigneurs invités; *dès qu'ils se présentent*, on les fait entrer dans la salle du festin, où ils *forment une rangée d'honneur qui s'étale au-dessus du tableau.*

Les cartes qui, à leur sortie du jeu, se trouvent correspondre par leur valeur, le nombre de leurs points (1), *au numéro d'ordre de la case qu'elles devraient occuper dans le tableau, sont mises à part, leur place reste vide. Elles* sont supposées représenter les chiens si ardemment désirés par le baron, et *forment un talon* qui constitue la meute.

Un autre talon est composé par les deux premières cartes sorties du jeu, après que le tableau est formé, ou chaque fois qu'il a été recouvert de nouvelles cartes. C'est la réserve d'animaux sauvages établie pour les besoins de la chasse. *Il est bon de jeter un coup d'œil sur les cartes formant ce deuxième talon, car, s'il se trouvait un roi parmi elles, on le poserait sur l'honorable rangée du haut, et il serait immédiatement remplacé dans le talon par la carte suivante.*

(1) Les Valets comptent pour onze, les Dames pour douze.

Tant qu'il y a des cartes dans le jeu, leur distribution se continue de la même manière; à chaque tour, douze cartes se posent sur le tableau, ou sur le premier talon si leur valeur les y appelle; deux cartes se mettent au deuxième talon. Le soin que l'on doit avoir de laisser vides dans le tableau les places où devraient figurer les cartes composant le premier talon, fait que la dernière carte du jeu doit toujours correspondre à la dernière case du tableau.

Ce n'est que quand tous ces préparatifs sont terminés, que la chasse, la véritable *patience, commence. Chaque roi devient la souche d'une série descendante de cartes de la même famille*, car le baron, voulant faire apprécier la quantité et la variété du gibier de ses vastes domaines, a prié chacun de ses nobles invités de ne tirer que sur une seule espèce de bêtes.

D'abord on visite la réserve (*le deuxième talon*). *Les cartes qui peuvent figurer sur les séries descendantes fondées par les rois y sont immédiatement posées.* Elles représentent quelques-uns des animaux sauvages tenus en réserve. Le baron les fait passer devant les tireurs pour leur donner un avant-goût de la chasse.

Puis, un des chiens de la meute est lancé dans une vente, c'est *la carte de dessus du premier talon*, elle *se met sous le paquet du tableau auquel elle correspond par sa valeur. La carte supérieure de ce paquet s'enlève aussitôt, et va à son tour se placer sous le paquet qu'indique le nombre de ses points.* Image des pièces de gibier levées par le chien ; elle cherche refuge dans d'autres ventes, où son arrivée jette le trouble, l'effroi, et fait fuir l'animal qui se trouve le plus près de la lisière.

La chasse, *le jeu, se continue ainsi jusqu'à ce que la carte chassée de l'un des paquets du tableau soit appelée par sa valeur et sa famille à figurer sur l'une des séries descendantes* : c'est un animal tué au passage par un tireur impatient. *Alors*, il se fait une sorte de halte dans la chasse, chaque tireur réunit autour de lui le gibier tombé sous ses coups, c'est-à-dire que *l'on dépose sur les séries descendantes toutes les cartes pouvant y figu-*

rer qui se trouvent, soit à la surface du tableau, soit dans le deuxième talon, celui qui représente la réserve; car l'amphitryon a eu l'exquise attention de faire passer quelques-unes des pièces qui la composent devant les moins heureux des chasseurs.

Une nouvelle carte est prise ensuite sur le premier talon, placée sous le paquet du tableau auquel elle correspond, elle en fait partir la carte supérieure et la chasse, *et le jeu recommence et se continue ainsi, toujours de la même manière. Tant que le premier talon peut fournir des cartes*; tant que la meute, dont il est l'image, peut fournir des chiens, on les lance successivement, et chacun d'eux mène la chasse à son tour jusqu'à ce qu'il ait fait lever une pièce digne de tomber sous les coups des chasseurs.

Il arrive parfois, surtout vers la fin du jeu, qu'une carte se trouve appelée sous un paquet du tableau qui ne contient que des cartes de même valeur, et dont aucune ne peut figurer sur les séries descendantes; ce paquet alors abandonné, on doit tirer une nouvelle carte du premier talon.

N'est-il pas naturel, en effet, quand la chasse dure depuis un certain temps déjà, qu'un chien se trouve lancé dans une vente où il ne rencontre plus aucune pièce de gibier; alors le pauvre animal a beau battre en tous sens, il ne peut rien faire lever et il finit même par se perdre et rester dans le bois.

Enfin, quand toutes les cartes du premier talon ont été successivement enlevées, tous les chiens de la meute se trouvant hors de combat, la chasse est forcément interrompue, et, pendant qu'un succulent déjeuner distrait les invités, qui restent chacun entouré des pièces tombées sous leurs coups, les piqueurs et gens de service leur préparent de nouveaux plaisirs.

On relève d'abord le deuxième talon, le seul qui subsiste encore, puis successivement tous les paquets du tableau, en les posant les uns sur les autres, suivant leur ordre numérique, et on recommence la distribution des cartes comme la première fois, en établissant toujours deux talons, mais avec cette différence, cependant, que le nouveau tableau ne se compose plus que de onze paquets, et qu'à chaque tour il se dépose trois cartes sur le deuxième talon.

Se sentant un peu moins de gibier, le baron a renoncé à un de ses terrains de chasse, et a fait augmenter le nombre des animaux sauvages tenus en réserve. Il reforme sa meute du mieux qu'il peut; mais, obligé de s'en rapporter au hasard, ainsi que cela lui est déjà arrivé, il verra encore cette seconde chasse arrêtée faute de chiens. En attendant, elle est reprise avec une nouvelle ardeur. *Le jeu recommence comme la première fois et comme alors se continue jusqu'à ce que le premier talon soit entièrement disparu.*

Un goûter occupe les invités pendant cette deuxième interruption, et de nouvelles dispositions sont prises pour leur procurer une troisième chasse. On refait le bois, on abandonne encore un terrain de chasse, on augmente la réserve de gibier vivant, c'est-à-dire que *les cartes sont alors relevées, en commençant par celles du deuxième talon, ainsi qu'il a déjà été expliqué, et distribuées aussi de la même manière. Seulement, le nouveau tableau ne se compose plus que de dix paquets, et, à chaque tour, quatre cartes sont déposées au deuxième talon. Quant au premier talon, il reste toujours composé par le hasard, puisque, comme les deux premières fois, on ne peut y admettre que les cartes dont le nombre de points correspond au numéro d'ordre de la case du tableau où elles se présentent.*

Cette distribution faite, le jeu recommence encore, la chasse est reprise. *Mais cette fois* tout le gibier doit être tué. *Il faut, pour que la patience réussisse, que les deux talons et le tableau aient entièrement disparu, qu'il ne reste absolument que les huit séries ascendantes bien complètes.* Ce sont les sept convives et le baron, entourés chacun de toutes les pièces de gibier qu'ils ont abattues. Le petit nombre de points que comptent les as terminant chaque série donne une idée exacte, hélas ! de ce qui reste alors à l'amphitryon de cette belle fête. Il n'a plus un seul animal vivant dans sa réserve, tous ses chiens sont morts ou disparus, la chasse a ravagé et anéanti toutes ses propriétés. Mais le pauvre baron n'en est pas moins heureux. Sa vanité est satisfaite, on parlera de lui à la cour, et, quelque ruinés que puissent être ses descendants, il leur léguera au moins la satisfaction de pouvoir intéresser vivement leurs portières, et obtenir leur admiration, leur commisération, et même leur protection (chose souvent fort utile), en leur racontant que feu leur grand-père fut, grâce à cette chasse mémorable, sur le point de monter dans les carrosses du roi.

LA PERFECTION HUMAINE.

PPPP I

Bon sens, bonté, intelligence et force, réunis dans un même individu, semblent constituer la perfection humaine, et le ciel a permis que tous les hommes puissent faire germer en eux ces quatre grandes qualités, les y fortifier, les conquérir enfin. Un immense génie n'est même pas nécessaire pour atteindre le but, il suffit d'un travail soutenu et d'une persévérance tenace dans de patients efforts.

Une patience, et la plus simple de toutes, peut donner une idée de ce qui se passe alors en nous. Elle *se fait, suivant le temps dont peut disposer le joueur, soit avec un petit ou un grand jeu, soit avec deux petits ou deux grands jeux*, et se prête ainsi à toutes les positions.

Les quatre premières cartes sorties du jeu, images des quatre grandes vertus humaines, *se placent sur une même rangée horizontale. Si le petit tableau qu'elles forment présente plusieurs cartes de même valeur, plusieurs rois, plusieurs as, plusieurs deux, etc., on les pose, quelles que soient leurs couleurs, les unes sur les autres, en chargeant toujours ceux des paquets qui se trouvent à la gauche du joueur.* Ce sont les hommes doués des mêmes vertus qui se groupent ensemble, quelles que soient leur origine et leur race (1).

Puis, quatre autres cartes sont de nouveau tirées du jeu, posées sur chaque paquet, et, s'il y a lieu, réunies suivant leur valeur. On continue ainsi jusqu'à ce que quatre cartes de même valeur se

(1) Certains esprits malins ont même remarqué que les groupes d'hommes vertueux qui se forment ainsi semblent composés uniquement (si on s'en rapporte à la couleur des cartes) de noirs et de peaux rouges. Serait-ce par hasard au perfectionnement de la civilisation moderne, dont nous sommes si fiers, que l'on devrait cette exclusion de la race blanche?

trouvent surmonter en même temps les quatre paquets qui composent le tableau, et, si elles ne se présentent pas, jusqu'à ce que le jeu soit complétement épuisé.

Le seul soin à avoir est de ne jamais commencer à réunir les cartes de même valeur avant que le tableau n'ait été entièrement recouvert; car il faut bien laisser aux hommes doués des mêmes vertus, le temps de se reconnaître et de s'apprécier.

Souvent il arrive qu'une carte enlevée donne le moyen de placer celle qui se trouve immédiatement au-dessous d'elle dans son paquet. Parfois même les cartes ainsi délivrées, images des vertus modestes qui ne se découvrent que par des circonstances fortuites, *se trouvent si nombreuses, qu'elles finissent par entraîner la suppression complète d'un des paquets du tableau.*

Ce serait une étude utile et curieuse que celle des causes qui amènent ainsi, de temps à autre, dans le monde, la disparition momentanée de telle ou telle vertu, si les hommes, toujours légers et futiles, avaient seulement le temps de s'en apercevoir, avant qu'*une nouvelle distribution de cartes*, en reconstituant le tableau, n'ait *fait presque aussitôt reparaître le paquet*, et la vertu qu'il représente.

Le premier groupe, celui des hommes de bon sens, est toujours le mieux fourni, le seul qui ne disparaisse jamais. Le bon sens est le caractère particulier de l'homme, celui qui le distingue des animaux.

Le paquet qui se maintient le mieux ensuite est celui des personnes douées de bonté. Le monde est plein d'âmes ardentes chez lesquelles le besoin d'aider, d'aimer, de secourir, semble parfois faire oublier la froide raison. Mais le ciel sourit à leurs efforts, et elles finissent toujours par réussir.

Des variations continuelles agitent sans cesse le troisième groupe, celui des hommes intelligents. Tantôt nombreux, tantôt réduit à néant, il ne peut jamais rester en repos. A quoi sert, hélas! l'esprit sans le bon sens, ou au moins la bonté?

Le quatrième paquet, enfin, est presque toujours le plus faible et disparaît à chaque instant. Il est consacré aux hommes qui ne sont que forts et puissants. Quelle leçon pour l'humanité!

Lorsque quatre cartes de même valeur se trouvent surmonter en même temps les quatre paquets du tableau, leur réunion offre l'image de la perfection humaine, elle ne saurait subsister en ce monde, *on les pose à part*, *et ce n'est que quand toutes les cartes composant le jeu ont ainsi successivement disparu que la patience a réussi.*

Mais, que de temps, que de persévérance il faut, *pour obtenir un résultat aussi important! Le joueur doit recommencer à bien des reprises différentes la distribution des cartes. Chaque fois que le jeu se trouve épuisé, il relève le tableau, en posant successivement, et sans les mêler jamais, les paquets qui le composent les uns sur les autres; le quatrième paquet se place sur le troisième, les deux paquets réunis se mettent sur le second, et ainsi de suite; en sorte que la nouvelle distribution de cartes commence toujours par celles qui se trouvaient au-dessous du premier paquet du tableau.*

Ici encore se présentent quelques observations assez curieuses, ce sont les hommes forts, résolus, et, par suite, entreprenants, qui partent les premiers. Les gens d'esprit, d'intelligence, d'imagination, les suivent immédiatement, puis viennent les personnes douées de bonté: elles cherchent à être agréables aux autres en faisant comme eux, et, à la fin seulement, les hommes de bon sens. Ils semblent tenir plus étroitement au sol, et leur groupe est le dernier qui quitte le tableau.

Quand, à force de renouveler les distributions de cartes, le joueur est parvenu à n'en conserver entre les mains qu'un nombre assez restreint, il arrive quelquefois qu'elles se groupent de manière à se présenter toujours dans le même ordre, par séries reparaissant avec une désespérante régularité. On s'aperçoit à la longue de ce malheur irrémédiable. La patience est manquée.

Il suffit, hélas! de quelques esprits étroits et endurcis, qui se croient grands, parce que rien ne peut avoir d'action sur leur entêtement systématique, pour empêcher les hommes d'atteindre à la perfection. La vanité les aveugle, tandis que la plus simple et la plus élémentaire des patiences éclaire l'humanité de ses utiles, sages et grands enseignements.

Nous devons encore *prévenir nos lecteurs que la régularité avec laquelle les quatre paquets se relèvent après chaque distribution des cartes du jeu, permet d'interrompre cette patience pendant des heures, des journées entières, et de la reprendre ensuite au point où on l'a laissée.* Nous tenons même de certains capitaines en retraite qui, ayant voulu l'exécuter avec plusieurs jeux entiers, ont dû consacrer à cette étude peu variée, mais éminemment instructive, des semaines, des mois, des années peut-être ; que, si elle n'a pas toujours amené un succès indiscutable, c'est-à-dire l'acquisition de toutes les perfections humaines, elle n'a jamais manqué, au moins, de conduire ses plus persévérants champions au calme, à la quiétude, au repos complet de l'âme et du corps.

FIN

SAINT-CLOUD. — IMPRIMERIE DE Mme Ve BELIN.

www.ingramcontent.com/pod-product-compliance
Ingram Content Group UK Ltd.
Pitfield, Milton Keynes, MK11 3LW, UK
UKHW021117260726
13994UKWH00002B/920

9 782019 973667